LE RHIN

PARIS

ACHILLE FAURE, LIBRAIRE-ÉDITEUR

18, RUE DAUPHINE, 18

DÉCEMBRE 1866

1866

LE RHIN

I

Plusieurs fois nous avons lu la Circulaire du 16 septembre dernier, adressée par M. le Miniſtre des Affaires étrangères à nos agents diplomatiques, et toujours un sentiment indéfinissable de malaise a suivi cette lecture, toujours le même poids de triſtesse nous eſt retombé sur le cœur. Il nous semblait qu'on disait, au nom de la France, des choses que la France ne sentait pas, ne voulait pas, n'aurait pas dites. Les proteſtations de cette froide sagesse annonçaient un détachement, un renoncement qui étaient loin de nous, et l'on donnait, en notre nom, une démission à laquelle nous ne consentions pas.

Sous le coup des événements, il y avait eu quelques cris d'indignation ou d'espérance, et l'on s'était tu. L'opinion reſte muette encore, confiante, si l'on veut, et cependant troublée. On sent que rien n'eſt achevé. Nous avons le temps et le droit de chercher, froidement et sans rien compromettre, les causes et le remède de l'anxiété qui nous gâte la paix.

Ceux qui dirigent nos deſtinées ont voulu rassurer et, si l'on peut discerner leurs sentiments secrets, trop d'accord peut-être avec les nôtres, consoler la France. Consolation vaine! Nous aimons à voir aussi, dans ce manifeſte, un appel, et il nous a paru bon de dégager la responsabilité que ferait peser sur l'opinion un silence trop complet.

Devancer un peu l'opinion publique pour la redresser ou la satisfaire toujours à propos, la ſtimuler, la faire parler comme la Pythonisse, au prix de quelque douleur, et interpréter sa voix, c'eſt le premier devoir de l'homme d'État. Le silence eſt un déplorable symptôme de la situation de la conscience publique et il n'y a plus rien à espérer des nations muettes. L'étranger peut venir : elles feront aussi bon marché de leur indépendance que de leurs libertés.

L'opinion eſt aujourd'hui déconcertée. On souffre; il faut qu'on le dise. Les uns redoutent de parler, pour ne pas mériter cette accusation banale de patriotisme étroit qu'on appelle, en plaisantant, chauvinisme. D'autres croient aider le Gouvernement de leur complicité officieuse, en le laissant, dans le silence, élaborer ses plans, préparer ses moyens et dissimuler ses vues. Plusieurs pensent qu'il n'eſt pas à propos de troubler par des craintes importunes la fête pacifique qui se prépare. Un petit nombre enfin, un trop grand nombre, eſt d'avis que tout eſt bien qui leur laisse le repos, et que rien n'eſt mauvais que ce qui le trouble. Pour nous, nous ne croyons pas bon de nous taire sur un affront ou sur un danger. Nous sommes chauvin, comme le paysan qui reprend la queue de sa charrue après avoir porté cinq ans le mousquet et qui a le sentiment, non raisonné, mais jufte, des intérêts de la patrie.

Il s'agit ici d'un péril sérieux, peut-être de la vie. Laissons au Gouvernement le choix des moyens, du temps et des circonftances, mais qu'il sache au moins quels sont nos vœux et jusqu'où nous sommes prêts à le suivre. Le peuple n'eft pas tenu aux mêmes nécessités que l'homme d'État et il a d'autres devoirs. Il ne faut pas qu'il garde un silence que l'on pourrait interpréter contre lui.

L'opinion publique eft encore, parmi nous, la force la plus confidérable. On ne peut rien sans elle, ni contre elle. Si elle se refuse, rien n'eft possible ; quand elle se retire, tout tombe. Aussi se doit-elle de s'offrir loyalement au service des Gouvernements de bonne volonté. Un miniftre eft bien fort qui peut dire : « Vous voyez, je suis entraîné, le pays le veut. »

II

Ce beau pays, si parfaitement limité par les Alpes, le Rhin, l'Océan et les Pyrénées, n'a pas toujours suffi à ses premiers maîtres. Une inquiétude aventureuse emporta partout leurs essaims à travers le monde. De là, des représailles qui n'ont plus eu de fin. Les invasions, les migrations ont passé sur cette terre, sans plus réussir à déraciner la race originaire qu'à déplacer ses limites éternelles. Mais ce pays, convoité par tous, déchiré, morcelé, quelquefois réduit à l'âme, il a fallu le reconquérir pied à pied, travailler à reconftituer son intégrité au prix des plus douloureux efforts. Cette tâche a été léguée d'âge en âge. Ç'a été le labeur de toute notre hiftoire et chaque siècle a rendu à la France une part de la France. Nous sera-t-il donné de la voir une et complète?

La politique, autant que les armes, avait assuré le succès des Romains dans la Gaule. Le premier service des conquérants fut de contenir les barbares au delà du Rhin. Strasbourg, Mayence, Coblentz, Cologne, Neuss furent fondées de ce côté-ci du fleuve, et pendant plus de deux cents ans leur protection fut efficace. Plus tard, dans la faiblesse et l'anarchie où tomba l'Empire, on ne trouva pas de meilleur expédient que d'introduire en deçà du Rhin, pour en défendre le passage, des colonies germaines auxquelles on dut encore un siècle de paix troublée.

Au cinquième siècle, la grande invasion couvrit le pays et les Francs eurent à leur tour à protéger le Rhin, la limite conftante, contre de nouveaux envahisseurs, Frisons, Saxons, Alamans. La victoire de Tolbiac fut un coup frappé par des barbares sur la barbarie menaçante.

Charlemagne eut toujours au milieu de nous le siége de son empire; mais, après lui, le pays, pour des raisons d'équilibre dans les partages, fut diminué et réduit à des frontières conventionnelles. Depuis lors, le territoire qu'on nous enleva sur la rive gauche du Rhin refta flottant, teinté de Germanisme, mais toujours Franc et Gaulois. Notre droit ne fut jamais oublié ni prescrit.

Nous ne voulons pas raconter comment la France « tendit sans cesse, sans repos, à reprendre sa position et sa grandeur, en s'efforçant de regagner sa frontière naturelle, sa frontière gauloise. Ce fut la tâche glorieuse imposée à ses rois. » Nous ne redirons pas comment Henri IV se préparait à pousser vers le Rhin, comment Louis XIV, pouvant aller jusque-là, dédaigna de le faire. Tout cela a été très-bien dit (*). Il nous convient seulement de rappeler que la rive gauche du Rhin eft une terre naturellement, originairement et de droit, française. A toutes les époques, les publiciftes, les hommes d'État, les rois ont eu soin de protefter de façon à n'en pas laisser perdre le souvenir. Le Droit ne se prescrit pas entre les nations; il sommeille seulement pour le temps où manquent le pouvoir et l'opportunité de le revendiquer et de le faire valoir.

Après dix siècles, on était parvenu, au milieu de circonftances merveilleuses, à recomposer l'unité primordiale; mais la fortune nous ravit plus que ne nous avait donné un siècle de victoires et, en 1815, l'Europe nous enleva même ce qu'il était équitable et prudent de nous laisser.

L'œuvre était à reprendre. La patience, l'habileté, la sagesse ont réussi, depuis peu de temps, à corriger, pour une partie, les désaftreux effets des traités. Pour le refte, Dieu nous garde de pousser à des résolutions

(*) Th. Lavallée, *Les Frontières de la France.*

violentes! Nous pouvons nous montrer modérés sans honte et attendre. Les intérêts et les vues sont opposés ; les hommes sont aveugles et passionnés, mais nous n'avons pas contre eux de haine. Nous détestons seulement la violence et l'iniquité, et contre elles seules nos paroles pourront quelquefois être amères.

Il est nécessaire cependant que l'on sache certaines choses, communément ignorées, que l'opinion soit éveillée, éclairée, fortifiée ; qu'elle ait, avec une vue nette de la situation et des intérêts, la persévérance, le dévouement, l'intelligence qui élèveront la grandeur et la loyauté des moyens aussi haut que l'exige la dignité du but.

III

« L'opinion est émue. Elle flotte, dit-on, incertaine entre la joie de voir les traités de 1815 détruits et la crainte que la puissance de la Prusse ne prenne des proportions excessives (*). »

L'opinion est émue, mais elle n'est pas incertaine. Nous avons repris notre place dans le monde ; nos forces sont entières et prêtes pour tous les événements. La formation des royaumes de Belgique et d'Italie sur nos flancs, la rectification de la frontière des Alpes ont modifié l'état de 1815, et cependant, d'une autre part, le danger s'est démesurément accru. La République disait, en 1848, que les traités de 1815 « n'existaient

(*) Circulaire du 16 septembre.

plus en droit, mais seulement comme faits à modifier d'un commun accord, et elle déclarait qu'elle avait pour droit et pour mission d'arriver régulièrement et pacifiquement à ces modifications. » L'Empire a fait plus : il en a arraché des lambeaux. Mais ces traités, annulés au profit de quelques puissances, se trouvent maintenus, aggravés contre nous dans leur effet le plus cruel. La grande plaie s'eſt rouverte; l'affront eſt confirmé; les limites de Louis XIV ne nous sont pas rendues; la Prusse, agrandie bientôt de toute l'Allemagne, eſt toujours au cœur de la France.

On prête à d'autres nos sentiments de modération et de juſtice; on applaudit à des faits qui sont la contradiction et le renversement du conſtant espoir de nos pères; on déclare peu désirable et irréalisable, en se fondant sur de superficielles raisons de langage, un agrandissement territorial qui a été le but et qui doit être la consommation de toute notre hiſtoire. Ce sont là de singulières erreurs.

Le grand homme, de qui les cendres apaisées reposent maintenant au milieu de nous, avait tenté de refouler en Orient le grand empire Mongol, qui se dit Slave. Sa pensée, qui rayonne encore sur l'avenir, ne voyait de salut pour l'Europe que dans l'alliance intime de deux empires continentaux, l'Allemagne et la France, unis par le Rhin. Puisse le souffle immortel qui animait cette poussière glorieuse entrer en nous et prévenir toutes les défaillances; puissent ces idées souveraines être comprises par les peuples et par les rois! Si, de toute part, on a la clairvoyance, la modération et la sagesse, l'œuvre s'accomplira par les voies pacifiques.

Mais tant qu'il y a un étranger entre nous et le Rhin, les traités de 1815 sont vivants. Ils exiftent virtuellement et dans leurs conséquences les plus funeftes.

IV

« NOUS DÉTESTONS LES TRAITÉS DE 1815 »

Après les guerres heureuses d'un quart de siècle, la France voulait déposer l'épée. Elle avait répandu par toute l'Europe son sang, ses idées, la lumière nouvelle et n'avait plus rien à donner au monde que l'exemple de la modération dans la victoire et de l'activité dans les travaux de la paix. Entraînée par un homme à qui elle ne savait rien refuser, elle va lutter contre la nature elle-même et la nature, soulevée, l'accable. Les peuples se retirent et s'unissent. Elle eft seule. Elle a donné ses hommes et toute sa jeunesse : elle n'a plus de soldats. Elle se traîne cependant à un dernier combat et, j'en attefte la bonne foi du monde, des hommes seulement lui ont manqué pour être encore victorieuse à Waterloo.

Mais le résultat, quel qu'il fût, lui était mortel; elle y perdait les dernières gouttes de son sang. Elle se coucha épuisée, et alors vinrent les bêtes de proie qui apparaissent vers le soir sur les champs de bataille.

« NOUS DÉTESTONS LES TRAITÉS DE 1815 »

La Prusse reçut dans nos dépouilles la plus forte part. Ce n'était pas un dédommagement, elle n'avait rien perdu. On fit d'elle notre geôlier. On lui donna la clef du pays, Sarrelouis, qui doit son nom à Louis XIV, ses fortifications à Vauban, Sarrelouis où naquit Ney.

« L'Angleterre et la Russie créèrent entre l'Allemagne et la France un motif permanent de haine. Elles donnèrent à l'Allemagne la rive gauche du Rhin. C'était une idée. L'avoir donnée à la Prusse, c'eſt un chef-d'œuvre, un chef-d'œuvre de haine, de ruse, de discorde et de calamité, mais chef-d'œuvre... La Prusse eſt une nation jeune, vivace, énergique.... Elle eſt en Allemagne ce que la France eſt en Europe. L'inſtallation de la Prusse dans les provinces rhénanes a été le fait capital du congrès de Vienne. Dans le fatal remaniement de 1815, il n'y a pas eu d'autre idée que celle-là; le surplus a été fait au hasard (*).

« NOUS DÉTESTONS LES TRAITÉS DE 1815. »

V

Cependant on pouvait vivre encore. Le passé était glorieux, l'avenir était propice. On avait presque pardonné, oublié les blessures, les deuils anciens. Nous

(*) V. Hugo, *Le Rhin*, conclusion. 1842.

revenions au culte des vieilles et chères idées, nous nous
bercions dans la contemplation de ces belles chimères
dont nous ne voulons pas nous déprendre, le bonheur
des peuples, le progrès de la liberté, le règne de la jus-
tice, ces grandes causes où nous nous croyons les con-
fidents et les exécuteurs des desseins de Dieu. Le temps
n'eſt plus; pensait-on, de ces guerres d'ambition et de
rapine qui ne laissent que des ruines et des remords. Si
la force doit avoir encore le dernier mot dans les affaires
du monde, elle ne sera plus que l'auxiliaire et la protec-
trice du Droit. La marche du progrès eſt plus sensible
et plus sûre, l'éducation de l'humanité se fait, les vues
de Dieu sur la deſtinée des peuples deviennent saisis-
sables.

Mais un peuple, nouveau venu dans la famille européenne, impatient, pour n'en pas dire de mal, de sa
petitesse, en proie aux contradiĉtions d'une croissance
hâtive, mêlant des appétits désordonnés à des théories
chimériques, vient donner un démenti éclatant à toutes
les espérances qui faisaient la joie du monde.

Se jouer des conventions et des traités, imputer à
crime aux innocents leur respeĉt du droit et des cons-
titutions anciennes, renoncer inopinément à un paĉte
séculaire, envahir à l'improviſte les neutres, opprimer,
rançonner, déposséder les faibles et les pacifiques,
anéantir les États libres et invoquer la complicité de la
Providence, voilà ce qu'il nous a été donné de voir, hier,
dans le silence d'une opinion universelle ſtupéfaite. Les
flots du sang innocent et glorieux de Sadowa n'ont pas
lavé la tache du sang du bourgmeſtre de Francfort.

Les moyens seuls, dans toutes les affaires humaines, sont de la dépendance des hommes. L'œuvre était bonne, pourquoi l'avoir poursuivie par de si déteſtables moyens ? Œuvre d'avenir, exécutée par des hommes du passé, on y a vu les idées raffinées, les théories savantes mêlées aux mépris les plus étranges du droit et aux abus les plus monſtrueux de la force.

Pour nous, le danger n'eſt pas tellement pressant qu'il faille courir aux armes. Nous avons le temps d'étudier et de connaître le voisin, qui devrait être notre allié le plus intime et qui, demain peut-être, sera notre ennemi.

VI

On vit ici dans une ignorance et un dédain superbes de ce qui se dit, s'écrit, se fait hors de France. On ne sait pas l'exaltation qui s'eſt emparée des têtes prussiennes, l'enivrement qui les affolle, les fanfaronnades, les invectives, les défis qui, de toutes les bouches, à Berlin, coulent à flot, depuis la guerre. Ce n'eſt pas une émotion passagère, c'eſt l'explosion d'un sentiment profond, de l'envie séculaire d'un peuple de qui les convoitises ont jusqu'ici dépassé la puissance. Nous n'imiterons pas ces procédés homériques et n'obéirons pas à ces provocations. Nous choisirons notre heure.

Jusqu'où vont les rêves, non pas seulement des esprits fougueux, ouvrez, pour le savoir, un petit livre sous ce titre : *L'Alsace et la Lorraine allemandes,* un

autre : *De l'art de battre l'armée française.* Ce dernier eſt écrit par un prince de la maison de Prusse, un
des généraux de la dernière guerre. Ces livres n'ont pas
été écrits hier, dans l'emportement d'un succès inespéré,
mais il y a six ans, en pleine paix. Ce sont là les préoc-
cupations conſtantes, battre les Français, démembrer la
France. 1815 n'a fait qu'imparfaitement son œuvre.
Paris, où ils sont entrés, l'hiſtoire sait comment, leur
inspire une convoitise obſtinée. Sarrelouis n'eſt qu'une
première étape.

On sait combien il eſt difficile d'avoir raison des
préjugés populaires. Verra-t-on se perpétuer entre nous
cette méprise cruelle, cette odieuse erreur, qu'exploite-
ront des ennemis communs? Ce soulèvement des passions
se calmera-t-il bientôt et pourra-t-on faire entendre des
paroles de conciliation et de sagesse? Il ne faut pas cesser
d'espérer, mais il faut se préparer comme s'il n'y avait
plus d'espérance.

VII

Ce serait vraiment une duperie excessive de ré-
pondre aux violences par des arguments et aux coups
par des exposés de principes. Mais, puisque aussi bien
nous avons affaire à des antagoniſtes philosophes, regar-
dons, tout en préparant nos armes, le ſpeſtacle de ces
hommes enivrés de sophismes et que ce nous soit une
leçon. On connaît leurs aſtes; voici leurs doſtrines, les
doſtrines qui dirigent, parmi cette tourbe qui se rue

d'inftinct à la bataille, les chefs et les héros, logiciens intrépides. Les savants, les forts, les gens qui savent ce qu'ils font appliquent tout simplement un syftème qui obtenait récemment des adhésions et souriait à quelques esprits, parmi nous.

Tout le monde connaît à peu près les syftèmes de Darwin ; ils ont fait fortune en Allemagne. Nous n'avons pas affaire à l'origine des espèces, à l'influence des milieux et autres points d'une science conjecturale, mais seulement à ce qu'il appelle le combat pour la vie. Les créatures de tout ordre se succèdent, en accomplissant une phase du perfectionnement progressif. Les espèces faibles, désarmées, imparfaites doivent céder la place et disparaître devant les espèces plus fortes, mieux armées, plus fécondes. Par une loi fatale, disent quelques ethnographes conséquents, la race caucasique détruira la race malaise, la race rouge et les autres. Il serait possible que la race mongole réservât, dans l'avenir, quelques surprises aux adeptes de Darwin, mais il n'eft point queftion d'elle ici. Il s'agit d'appliquer au plus tôt, entre nous, une théorie toute fraîche, qui met tant à l'aise les consciences scrupuleuses. C'eft tout bonnement la théorie scientifique du droit du plus fort. Les idées entrent, comme on voit, dans le domaine des faits, se font vivantes et deviennent meurtrières. Appliqué à des Papous, cela semble à peu près équitable.

Prenez garde ! voici que des dialecticiens, armés de fusils, font de ce jeu d'esprit une réalité contre vous. — Nous sommes de la même famille. — Peut-être. Mais toi, vieux rameau celtique, greffé de latin, te voilà flétri, bois mort. Tu as donné tes fruits; tombe et laisse ta place au jeune et vigoureux rameau germanique, deftiné à grandir et à couvrir l'Europe. — Je ne suis pas mort et ne veux pas mourir. — Prouve-le; défends-toi.

Voilà le dernier mot de la science moderne sur l'homme, voilà la doctrine et la règle d'action des plus intelligents parmi les frères que nous avons en face, voilà la morale politique qui autorise, encourage, absout toutes les entreprises.

Qu'on se rassure! La France ne doit pas périr encore. Il faut, elle aussi, qu'elle accomplisse sa deftinée, et sa vie eft nécessaire au monde. Malheur à l'Allemagne, malheur à l'Europe, si la France périssait demain! Mais les sophiftes sont implacables. Les considérations, les manifeftes, les protocoles n'y feront rien, si la réalité n'inflige une leçon sévère à ces violents amis du progrès. Pour nous, qui écrivions en tête de nos histoires : *Gesta Dei per Francos,* plaise à Dieu que notre voix les rappelle à temps à la raison.

VIII

Les députés prussiens, enivrés mais non assouvis, plus ardents que le miniftre auquel ils résiftaient naguère, feront litière de toutes les libertés intérieures, de toutes les conftitutions, de toutes les indépendances, pourvu qu'on les conduise rapidement, irrésiftiblement au but, l'asservissement de l'Allemagne sous une épée prussienne, et cet ennemi de trente-sept millions va peser sur le coin qui nous entame déjà le cœur.

A ne voir que les apparences, c'eft la guerre de la barbarie contre la civilisation qui se perpétue. César asservit la Gaule, mais, au moins, lui donna quelques-uns des biens d'une civilisation plus parfaite, et son principal souci fut de tenir hors de sa conquête les barbares, que le Rhin séparait du monde. Que nous apportent ou que nous promettent aujourd'hui ces hommes frottés de sophiftique? Hors de la Gaule, au delà du Rhin, les Barbares !

Nous ne voulions pas voir d'un œil ennemi ces peuples, à qui nous avons porté jadis la lumière. Nous n'avons pas contre eux de colère. Pourquoi nous forceraient-ils à les haïr !

Eft-il bien opportun, eft-il prudent à nous de ne parler que des agrandissements prodigieux de la Russie et de la République américaine? Il faudrait être aveugle pour ne les pas voir. Républicaine ou Cosaque, l'Europe sera peut-être mise en demeure de choisir, entre ces deux termes, son avenir. Mais les Américains, les Russes nous ont toujours été amis ; il n'y a pas de sujet prochain de querelle entre nous, et nous n'avons, de quelque temps, rien à appréhender de leur puissance. Ce sera là l'intérêt du siècle qui vient. L'intérêt de l'heure présente c'eft l'agrandissement inopiné, hors de toute prévision, de toute mesure, de la Prusse, qui nous fut toujours hoftile. J'entends bien que la Prusse, jusqu'ici l'avant-garde de la Russie, peut devenir un boulevard contre elle. Plaise à Dieu qu'elle ait la sagesse de l'entendre ainsi ! Mais si la Russie, que l'on irrite, fait miroiter aux yeux de la Prusse l'espoir preftigieux d'une domination prépondérante en Europe et lui promet, pour y réussir, son appui, nos conseils de politique salutaire prévaudront-ils contre les rêveries et l'affolement d'expansion de la nouvelle Allemagne?

La Prusse comprendra-t-elle qu'elle aurait tout à perdre à notre abaissement? Attachée jusqu'ici à la Russie par les espérances d'une ambition aveugle et les liens d'une vieille complicité, sentira-t-elle qu'il faut envisager loyalement et fermement les devoirs d'une grande Puissance, comme elle va l'être, et que ses intérêts et sa politique doivent changer du même coup? Oui, l'Allemagne a un rôle considérable à jouer dans le monde, si elle ne fait pas d'abord œuvre de barbarie, en nous tenant la main sur la tête et tâchant de nous égorger.

Si le salut commun eft de nous aimer et de nous aider en frères, supprimons entre nous le seul sujet de discorde. Votre présence ici eft, pour vous, une tentation conftante et, pour nous, un affront. Ce n'eft même plus affaire d'ambition, d'orgueil ou d'honneur, c'eft une queftion de limite nécessaire, c'eft une condition de vie. Il n'y aura pas de sécurité pour nous, de tranquillité pour l'Europe, tant que nous n'aurons pas reporté notre frontière au Rhin. La France n'ayant plus rien à désirer, rien à craindre, l'Europe alors déposera les armes et pourra sérieusement compter sur une paix durable.

IX

La situation qui nous blesse n'eſt-ce pas nous qui l'avons faite? Ce beau rôle de médiateurs, de modérateurs de l'Europe n'eſt-il pas le nôtre? Non, nous ne sentons pas la joie sereine, la satisfaction suprême d'avoir, par la seule influence de la sagesse et de la vérité, imposé la modération au vainqueur, prévenu la ruine et sauvegardé l'honneur du vaincu, assuré une paix durable. Pourquoi dire que nous voyons d'un œil content ce qui se fait en Allemagne? On ne croit pas à tant d'abnégation et d'humilité, et personne, s'il ne croit à notre satisfaction, ne croit à la durée de la paix. La paix! mais chacun prépare la guérre; chacun travaille avec un empressement inquiet, une hâte fiévreuse, à renouveler les armes, à augmenter le nombre des soldats. A quoi bon dissimuler nos sentiments pour n'être pas crus! Avouons-le, la guerre de *sept jours*, comme on l'appelle, a été plus désastreuse pour nous que la guerre de Sept Ans.

Nos prévisions ont été trompées, nos calculs déçus. Les États secondaires de la Confédération, pour qui nous aurions désiré une union plus intime, une organisation plus puissante, un rôle plus important, sont affaiblis, isolés ou anéantis. La Prusse, à laquelle nous souhaitions plus d'homogénéité et de force dans le Nord, a réussi au delà de nos espérances et autant que pouvait le désirer notre plus cruel ennemi. L'Autriche, pour qui nous vou-

lions le maintien de sa grande position en Allemagne, eſt
expulsée. Il eſt vrai, cependant ; c'eſt avec notre as-
sentiment que la Prusse eſt devenue ce qu'elle eſt, nous
reſtant ce que nous sommes. Des promesses, dit-on,
avaient été faites, des engagements avaient été pris. Personne ne le sait ; tout le monde le croit. On a remporté
une victoire décisive, non pas aisée, mais rendue plus
facile par la complicité de notre abſtention et de notre
immobilité. S'il y a des loyautés compromises, laissons
au temps le soin de les dégager. Il ne nous convient pas
de nous plaindre.

Si la France permet à la Prusse de faire, ce que
notre politique conſtante n'a souffert d'aucun autre, un
empire unitaire d'Allemagne, il faut au moins signaler
le danger de rompre avec nos traditions de tous les
temps. Autrefois l'Empire était immense, mais divisé en
plus de deux cents États ; la France ne consentit jamais
à la transformation qui s'opère sous nos yeux. Les nécessités ont changé sans doute et les principes avec elles.
Aujourd'hui l'Allemagne, moins vaste mais bien plus
redoutable, unie sous la direction énergique de la Prusse,
c'eſt, sous un nom nouveau, un péril ancien et fort accru
qui nous menace.

X

« L'équilibre européen eſt rompu ; la carte de
l'Europe a été modifiée au profit exclusif d'une grande
puissance. »

Henri IV, qui n'était pas un esprit chimérique, avait cherché le premier la sanction d'un droit public nouveau dans l'établissement d'une Confédération européenne, d'une grande République chrétienne, où les forces étant équilibrées et les puissances contenues, les débats internationaux auraient été soumis à l'arbitrage d'un congrès permanent, appuyé d'une force fédérale. Ce beau projet, dont il allait entreprendre l'exécution quand il fut assassiné, ne fut pas oublié après lui. L'équilibre européen a été la préoccupation des hommes politiques depuis cette époque et, tantôt contre la maison d'Autriche, tantôt contre nous, les traités de Westphalie, d'Utrecht et ceux de 1815 ont eu pour objet de prévenir la prépondérance de quelque puissance que ce fût en Europe.

Mais les contractants, à toutes ces époques, se proposèrent plutôt de satisfaire à leurs convenances qu'à aucun principe de droit. L'idée d'équilibre mieux comprise, plus justement appliquée, eût inauguré une ère nouvelle. Peut-être nous sera-t-il donné de voir sur des principes meilleurs fonder un équilibre durable. Toujours est-il que l'équilibre douteux, auquel l'Europe a dû quarante années de paix, est rompu à notre grand dommage.

Une des causes de la guerre qui vient de finir était « la situation géographique de la Prusse mal délimitée. » La Prusse forme maintenant un corps compacte, bien lié, redoutable. Sa situation géographique n'a pas changé pour ce qui nous touche, et il se trouve que c'est nous aujourd'hui qui pouvons nous plaindre, avec plus de raison que jamais, de la mauvaise délimitation de la France.

On comprend très-bien que Louis XIV ait dédaigné de s'assurer la frontière du Rhin; que Louvois et Vauban, au lieu d'occuper le pays ouvert qui nous en sépare, se soient contentés de fermer, par un syftème de places fortes, les vallées qui conduisaient l'étranger sur Paris. Cette *frontière de fer*, comme l'appelait Carnot, était une base d'opération solide pour l'offensive ou une défense formidable. On lui dut le salut du pays en 1712 et encore en 1793. Au dix-septième siècle et jusqu'à la Révolution, les princes riverains du Rhin étaient subordonnés à l'influence française, et il était peut-être plus politique de laisser dans la Confédération ces petits États, qui nous étaient favorables, que de les réunir à nous. On comprend aussi que l'on ait donné, en 1815, à la Prusse, Sarrelouis, qui commande de loin la vallée de la Marne et eft une des portes de la France. La frontière du Rhin, nous eft aujourd'hui nécessaire, parce que la guerre ne se fait plus comme au temps de Louis XIV, parce que les places fortes ont perdu de leur importance et surtout parce que la condition de l'Allemagne a changé.

XI

Nous sommes aujourd'hui, dit-on, ce que nous étions hier. Qu'importe au bonheur de la France l'adjonction de quelques lieues de territoire et d'un million d'hommes? Élevons-nous en perfection morale et intellectuelle, développons la richesse intérieure. Nous serons assez grands si nous sommes les plus inftruits, les plus riches, les plus heureux. Eh! sans doute, le bonheur des peuples n'eft pas lié à leur grandeur, mais leur force assure leur indépendance. Si le règne de la juftice était établi sur la terre, si, à côté d'un peuple sage et livré aux arts de la paix, on ne craignait plus de voir se lever un peuple grossier, enflé du sentiment de sa force, avide de guerre et de conquêtes, on pourrait faire bon marché des fortes frontières et des grandes armées; mais, pour longtemps encore, le droit devra être fort pour être respecté.

Il faut donc se tenir prêts pour tous les événements et, si l'on doit désespérer des moyens pacifiques pour établir un équilibre durable, se résigner à la guerre, la dernière guerre. Peut-être ne serions-nous pas bien coupables, au souvenir des excès dont nous avons vu récemment tant d'exemples, de ne nous mettre point en peine de juftifier une indignation vengeresse, mais nous nous rappellerons que nous sommes véritablement les seuls champions de la liberté, de la dignité humaines. C'eft encore *pour une idée* que nous devrons combattre, et notre désintéressement répond de notre sincérité. Ce que nous poursuivons eft bien plutôt une satisfaction d'opinion qu'un accroissement de puissance véritable.

Le péril qui nous menace, le dommage déjà causé, le rang diminué, l'influence compromise, tout cela eft inconteftable; mais si la France y eft sensible, c'eft surtout parce qu'à sa fortune et à sa grandeur sont liées les deftinées de certaines idées, au triomphe desquelles elle a voué sa vie.

XII

Nous ne sommes pas de ceux que satisfait le seul triomphe de la force. La conquête nous laisserait des remords, si une volonté libre ne venait la ratifier et lui ôter toute apparence de contrainte. Nous aimons à conquérir, mais l'obéissance forcée ne nous suffit pas: Il faut que le cœur se livre. Nous voulons qu'on se donne.

Nous sommes les créateurs du droit nouveau et nous serions autorisés peut-être à en oublier les principes, s'il n'était beau de lui refter fidèle et d'affirmer sa suprématie dans les temps où tout paraît être le jouet du caprice et de la force. Nous avons subordonné notre agrandissement à « la volonté des provinces limitrophes, demandant, par des vœux librement exprimés, leur annexion à la France. »

On a employé dans l'organisation et le jeu des sociétés des appareils et des ressorts divers. La pratique et la dure nécessité des choses nous prouvent que certains peuples n'ont pas encore l'usage de la pleine intelligence et qu'il faut proportionner à leur degré de culture les dons de la vie sociale. Pour nous, qui nous sentons en possession de toutes les forces de notre raison et d'une vérité politique plus parfaite, notre devoir eft de hâter la transformation des conftitutions attardées et d'appeler les peuples à la participation d'une vie plus haute, plus intelligente et plus morale. Peu à peu, l'opinion se répand que, de tous les procédés qui servent au

gouvernement des hommes, un seul eſt respectable, que
la seule conſtitution légitime eſt la conſtitution consen-
tie par la volonté commune, que le premier droit de
l'homme eſt de disposer de lui-même et de faire la loi
à laquelle il doit obéir. Ces principes, qui semblaient
naguère chimériques, deviendront partout une réalité
salutaire.

Après dix-huit siècles de chriſtianisme, le caprice
armé dispose encore des nations ; mais, à défaut d'autre
sanction, le mépris et l'horreur s'attachent à ces con-
tempteurs de l'espèce humaine qui trafiquent des peuples et, ne pouvant les convaincre, les tuent. On com-
mence à mieux comprendre la solidarité universelle, et
ce sera une des gloires de notre temps d'avoir inspiré
aux nations le sentiment de leur droit et du droit
d'autrui.

XIII

On n'eſt pas d'accord sur les principes qui doivent présider à la formation, à l'accroissement, au maintien des nationalités. On ne s'entend pas sur le mot lui-
même, et l'on confond souvent la race et la nationalité.
De là plusieurs erreurs qu'il eſt de notre intérêt de combattre.

La *race* eſt une famille naturelle que diſtinguent
l'anatomie, la couleur, les aptitudes, la langue. Chacun
de ces caractères eſt un signe fort incertain pour fonder
une classification irréprochable, mais il n'en eſt pas

moins vrai que ce sont les caractères physiologiques qui diftinguent la race.

La *nationalité* eft une famille qui s'eft réunie sous l'influence des circonftances hiftoriques, des convenances politiques ou économiques, des intérêts et des mœurs. Elle eft le produit de la volonté. Elle eft faite pour assurer le libre et complet développement des plus nobles facultés humaines.

La seule part de la nature dans ce magnifique ouvrage, où tout appartient à l'activité de l'homme, c'eft la configuration du sol et ses limites. Si des populations, diverses d'origine, de race, de langue se trouvent rapprochées sur un territoire bien limité et séparé des terres voisines par un grand fleuve ou par une chaîne de montagnes, ces populations, sous l'empire des habitudes journalières, des relations conftantes, du mélange des intérêts, des mœurs qui s'assimilent et se confondent de proche en proche, tendront à former un corps de peuple uni sous une loi commune, c'eft-à-dire une *nationalité*.

La France offre, à l'origine de son hiftoire, l'exemple d'une terre parfaitement limitée, occupée par une *race* et une *nationalité* parfaitement homogènes. Mais, plus tard, combien de peuples sont venus, de tous les points de l'horizon, combattre, mêler leur sang, laisser des épaves vivantes sur cette terre qui les a tous adoptés et ne saurait plus diftinguer entre tous ses enfants !

Quelle diversité de races et de langues, quelle unité solide et compacte ! Où trouver une telle concorde, une solidarité plus entière, un peuple plus fortement lié dans

un amour égal de la patrie et dans une indeftructible na
tionalité?

Ce qui eft vrai de la France reftreinte l'a été, et
devra l'être encore, de tous les peuples qui occupent la
même terre des Pyrénées au Rhin.

XIV

Nous ne dirons plus que nous désirons la frontière du Rhin parce que la couche profonde de la population, quoique d'apparence germanique, eft réellement
française, parce que la nature et l'hiftoire ont fait ces
terres françaises et que leur revendication eft éternelle.
Le temps, par son action lente et sûre, aurait achevé
l'œuvre. L'impatience des hommes ne l'a pas permis et,.
maintenant, ce que nous désirions, il faut le vouloir; ce
qui était convenable eft devenu nécessaire. Il faut le dire
enfin, ceux que cela intéresse le plus le veulent.

Les Prussiens qui adminiftrent la province du Rhin
ne conviendront pas qu'ils sont comme en pays conquis
et que leur conquête eft pour eux un embarras considérable. Ils ne se sont point assimilé le peuple; ils lui sont
superposés; ils sont ici à peu près comme étaient les
Normands en Angleterre peu de temps après la conquête. De l'autre côté de la Manche, la population eft
reftée saxonne; de ce côté-ci du Rhin, elle eft au fond
gauloise et française. Les lois, la langue et les mœurs, en
Angleterre, se fussent-elles modifiées plus profondément
encore qu'elles ne l'ont été sous l'influence normande,

cela ne pourrait fonder aucune prétention raisonnable à notre profit. La langue de la province cis-rhénane eſt, en beaucoup d'endroits, germanique, cela ne conſtitue pas un droit au profit de l'Allemagne. Les ethnographes savent que la langue n'eſt pas un caraĉtère irrécusable ni inséparable de la race ou de la nationalité. Les mœurs, les lois, la religion sont des témoins plus sincères dont on ne peut étouffer la voix.

N'écoutez pas les gens de la Prusse, que l'on envoie de Berlin pour gouverner le pays, éloignez ces gens de guerre qui servent de garnisaires, ces gens de bureau que le fisc entretient. Écoutez les gens du pays. Leur cœur eſt à nous; laissez seulement qu'ils puissent le dire. Interrogez Mayence, Cologne; elles vous répondront, en bon français, dans la langue qu'on parle à Strasbourg. Faites jaser le commerçant, l'artisan, le vigneron, le batelier, le peuple enfin, c'eſt pour nous qu'eſt la sympathie.

Au seizième siècle, reîtres et lansquenets, recrutés dans ces provinces, se louaient, parmi nous, à tous les partis et se mêlaient à nos querelles. Louis XIV eut à son service dix-huit régiments et Louis XV jusqu'à vingt-cinq, levés sur les bords du Rhin, qui combattaient avec nous contre l'Allemagne. La génération des hommes de soixante ans eſt née française; la médaille de Sainte-Hélène eſt, dans beaucoup de maisons, à la place d'honneur; il eſt peu de jours où, dans la montagne, on ne rencontre un vieux soldat, de qui la joie eſt de crier : Vive l'Empereur!

Le pays eſt à nous par reconnaissance. Il nous doit

son induſtrie, ses routes et ses lois, ses lois que l'on a dû
gâter un peu pour les accommoder aux habitudes de la
vieille Prusse. Le pays eſt à nous, enfin, par ce qu'il y a
de plus intime et de plus fort, la Religion, la religion
catholique qui, sous une adminiſtration hoſtile, eſt une
cause de suspicion.

Qu'il ne soit plus queſtion de guerre et de contrainte.
Laissez-les venir à nous et achever l'unité française. Ici
bat le cœur de l'humanité. Nous sommes la nation véritablement catholique. Ils se donneront avec allégresse,
s'ils comprennent la belle œuvre à laquelle on les convie.

La France doit être forte et respeétée, parce qu'il
faut qu'il y ait un lieu de la terre où la foi vive, le dévouement sincère aux grands intérêts du monde aient un
asile inviolable, parce qu'il faut que la vérité, pour se
faire écouter, obéir, soit entourée de l'appareil de la
puissance et d'une force d'opinion souveraine.

XV

» Cette royauté que donne l'opinion eſt au plus
digne. Nous sera-t-elle ravie et verrons-nous cette faveur
publique, qui a toujours soutenu si haut le nom de la
France, passer à d'autres ? Ce n'était pas la gloire des
lettres, des arts ou des armes qui rehaussait l'éclat de
cette couronne. Le preſtige tenait à quelque chose de
plus rare et de plus pur.

Ce don de sympathie, qui faisait qu'en France la
voix des peuples avait un écho, les faibles un ami, la

juftice un vengeur, attachait à notre pays tous les cœurs et toutes les espérances. C'eft vers lui que se tournaient les yeux et les prières, et si quelque peuple, après des prodiges d'héroïsme, succombait dans une lutte inégale, sa dernière parole était : La France eft si loin !

La France eft la colonne lumineuse qui guide les nations, l'éducateur des peuples. Elle a le trésor des choses qui sont l'aliment des âmes et elle le répand sur le monde. Elle communique la flamme et garde en elle le foyer de la lumière et de la chaleur.

Mais les peuples sont ingrats. On leur a montré le chemin du progrès, on les a précédés dans la voie douloureuse ; il faut marcher toujours. Ils vous suivront, mais si vous vous arrêtez ou tardez en chemin, ils vous fouleront aux pieds et passeront sur votre corps. La reconnaissance publique s'acquitte, envers un grand homme, avec une ftatue ; quand le bienfaiteur eft une nation, sa vie eft plus longue et fatigue la reconnaissance humaine. Si on ne donne pas toujours, on n'a rien donné. Les peuples nouveaux, impatients d'occuper la scène du monde, poussent leurs devanciers dans la mort.

La France a, la première, dans le vieux monde, tenté l'épreuve redoutable du suffrage universel. Elle suscite les nationalités. Sa parole et sa main font des prodiges. Mais l'Italie, à peine entrée dans la carrière, nous talonne ; la Belgique, la Suisse nous devancent ; l'Angleterre se hâte vers la grande Réforme. La Prusse achève rapidement sa conftitution de l'Unité germanique. La France doit marcher toujours.

Partout la raison s'éclaire et se fortifie. Le niveau

de l'intelligence et de la liberté monte tout autour de nous. Si nous n'y prenons garde, notre pays sera bientôt comme ces belles plaines de Hollande, plus basses que la mer, protégées par de vieilles digues, ouvrages merveilleux qu'il faut réparer toujours.

Oui, nous avons pratiqué le peuple du Rhin; il nous aime. Les hommes, que le cœur entraîne, sont touchés par les souvenirs de la grande époque. Mais voilà que les prodiges de force, d'audace, d'habileté de la Prusse font pâlir tous les souvenirs. La bourgeoisie, les savants, ceux que la raison et l'intérêt dirigent, nous sont favorables, mais si la Prusse applique au progrès économique et politique l'ardeur qu'elle met aux choses de la guerre, si elle donne à pleines mains l'inſtruction, la liberté, le bien-être, elle nous supplante.

L'émancipation politique a précédé pour nous l'émancipation intelleduelle, et l'effort qui nous a rendu le droit de suffrage ne nous a pas acquis tous les autres dons qu'il eût fallu s'assurer d'abord. Nous sommes d'une ignorance honteuse. « Dans un pays de suffrage universel, a dit Une voix, tout citoyen doit savoir écrire. » Si nous voulons diminuer bientôt le budget de la guerre, augmentons celui de l'inſtruction publique. Que tout homme de vingt ans qui ne saura pas écrire soit soldat et privé des droits civiques.

Éclairer les esprits, élever les intelligences, fortifier les caradères, nourrir les cœurs d'un patriotisme savant et opiniâtre, voilà l'œuvre urgente. Ah! ne perdons pas cette heure favorable de l'accord du Gouvernement et du peuple! Reverra-t-on jamais un peuple plus confiant,

plus sage, un Gouvernement plus fort? Celui-ci ne peut-
il pas tout faire? Qu'il donne, à cette nation qui attend
tout de lui, l'habitude virile de contribuer à faire sa
propre deftinée, qu'il la mette, comme un tuteur intègre,
par une expérience rapide et sûre, en état de vouloir et
d'agir dans la plénitude de sa raison. Si un décret pouvait faire que nous fussions demain le peuple le plus ins-
truit et le plus libre, cela suffirait pour nous rendre in-
violables et nous assurer pacifiquement les conquêtes
auxquelles nous avons des aspirations légitimes.

PARIS — IMPRIMERIE L. POUPART-DAVYL, 30, RUE DU BAC.

www.ingramcontent.com/pod-product-compliance
Lightning Source LLC
LaVergne TN
LVHW021701170726
843501LV00007B/2658